AF693435

टॉर्ट कानून का परिचय

शिव प्रसाद बोस

Published by Joy Bose

विषयसूची

प्रस्तावना

टॉर्ट (अपकार) कानून भारत में नागरिक कानून का एक महत्वपूर्ण घटक है। इसमें उन मामलों को शामिल किया गया है जो किसी व्यक्ति या समूह द्वारा दूसरे को हुए नुकसान से संबंधित हैं, लेकिन जो आपराधिक कानून के दायरे में नहीं आते हैं। उदाहरणों में मानहानि, उपद्रव और अतिचार शामिल हैं। आमतौर पर, नुकसान की भरपाई के लिए अदालत द्वारा हर्जाना दिया जाता है।

इस पुस्तक में हम संक्षेप में चर्चा करते हैं कि टॉर्ट कानून क्या है, विभिन्न प्रकार के टॉर्ट और भारत में विभिन्न प्रकार के टॉर्ट के लिए लागू होने वाले कानून।

लेखक के बारे में

शिव प्रसाद बोस भारत में कानून के पहलुओं पर परिचयात्मक गाइड के लेखक और एक सेवानिवृत्त इलेक्ट्रिकल इंजीनियर हैं। उन्होंने कोलकाता के जादवपुर विश्वविद्यालय से इंजीनियरिंग की डिग्री प्राप्त की और मेरठ विश्वविद्यालय, मेरठ से कानून की डिग्री प्राप्त की। उनकी रुचि पारिवारिक कानून, नागरिक कानून, अनुबंधों के कानून और पावर ग्रिड से संबंधित कानून और राजस्व संबंधी मुद्दों में है।

अध्याय 1: टोर्ट् का परिचय

इस अध्याय में हम चर्चा करते हैं कि टोर्ट (अपकार) क्या है और विभिन्न प्रकार के टॉर्ट क्या हैं।

1.1 टोर्ट लॉ की आवश्यकता

आपराधिक कानून में, जब कोई गलत करता है, तो हम उसे अपराध कहते हैं। इसी तरह, नागरिक कानून में, जब कोई व्यक्ति गलत करता है, तो हम उसे अपकार कहते हैं। आमतौर पर जिस व्यक्ति के साथ अन्याय होता है, वह गलत कर्ता से आर्थिक या अन्य हर्जाने का दावा करने के लिए दीवानी अदालत में मामला दायर करता है।

अंग्रेजी शब्द "टोर्ट" अंग्रेजी शब्द "wrong" और रोमन कानून शब्द "delict" का फ्रांसीसी समकक्ष है। यह शब्द लैटिन शब्द "टोर्टम" (tortum) से लिया गया है जिसका अर्थ है एक ऐसा कार्य जो मुड़ या टेढ़ा या गलत या गैरकानूनी हो।

एक स्वस्थ समाज के लिए कानून का शासन होना और असामाजिक तत्वों से मुक्त होना जरूरी है। एक व्यक्ति को दूसरों द्वारा प्रतिबंधित किए बिना अपने अधिकारों का प्रयोग करने की स्वतंत्रता होनी चाहिए। साथ ही, अगर किसी अधिकार का उल्लंघन होता है, तो उसकी भरपाई करने या अधिकार को बहाल करने का एक तरीका होना चाहिए। लैटिन कहावत "ubi jus, ibi remedium" में यही निहित है, जिसका अर्थ है कि जहां भी अधिकार है, वहां एक उपाय है।

टोर्ट (यातना, अपकार) के मामले में भारतीय कानूनी उपचार अंग्रेजी कानून से लिया गया है। हालांकि कुछ अंतर भी हैं।

आमतौर पर, भारत में टोर्ट के लिए कोई विशिष्ट कानून नहीं है। टोर्ट कानून को ज्यादातर केस लॉ के आधार पर परिभाषित किया जाता है यानी भारतीय अदालतों में पिछले मामलों में फैसले का हवाला देते हुए।

टोर्ट के कुछ समानार्थी शब्द इस प्रकार हैं: यातना, टोट, अपकृत्य, टोटका, अपकार।

1.2 टोर्ट की परिभाषाएँ

उन कारकों का पता लगाने के लिए जो एक यातना का गठन करने के लिए आवश्यक हैं, आइए हम प्रख्यात न्यायविदों द्वारा दी गई "टोर्ट" शब्द की परिभाषाओं को देखें:

- विनफील्ड: टॉर्ट एक दायित्व है जो कानून द्वारा लगाए गए प्राथमिक कर्तव्य के उल्लंघन से उत्पन्न होता है। कर्तव्य सामान्य रूप से व्यक्तियों के प्रति है और इसका उल्लंघन हर्जाने से निवारण योग्य है।
- सैल्मंड: टॉर्ट एक नागरिक अपराध है जिसके लिए उपचार आम कानून में अनिर्धारित नुकसान के लिए कार्रवाई है

और जो अनुबंध का उल्लंघन या ट्रस्ट का उल्लंघन या अन्य न्यायसंगत दायित्वों का उल्लंघन नहीं है।

- फ्रेज़र: टोर्ट एक निजी व्यक्ति के अधिकार का उल्लंघन है जो घायल पक्ष के पक्ष में मुआवजे का अधिकार देता है।
- क्लार्क और लिंडसेल: एक टोर्ट को अनुबंध से स्वतंत्र एक गलत कार्रवाई के रूप में वर्णित किया जा सकता है जिसके लिए उपयुक्त समाधान एक सामान्य कानून कार्रवाई है।
- सर फ्रेडरिक पोलक: प्रत्येक अत्याचार चूक का एक कार्य है, मुख्य रूप से व्यक्तिगत संबंध या अनुबंध द्वारा किए गए कर्तव्य का उल्लंघन नहीं है, जो पूर्ण अधिकार के भीतर हस्तक्षेप सहित कुछ नुकसान से संबंधित है, चाहे कोई वास्तविक वास्तविक क्षति हो या नहीं एक निश्चित व्यक्ति द्वारा पीड़ित।

1.3 टोर्ट की आवश्यक विशेषताएं

टोर्ट की आवश्यक विशेषताएं इस प्रकार हैं:

1. गलत कार्य या चूक

2. कानूनी क्षति

3. कानूनी समाधान

गलत कार्य या चूक: किसी व्यक्ति द्वारा किया गया कार्य गलत होगा जब वह किसी अन्य व्यक्ति के किसी कानूनी अधिकार का

उल्लंघन करता है। जब कोई गलत कार्य कानूनी अधिकार के उल्लंघन या कर्तव्य के उल्लंघन का कारण होता है तो टोर्ट अपकृत्य दायित्व उत्पन्न होता है।

कानूनी क्षति: कानूनी क्षति टोर्ट का एक महत्वपूर्ण तत्व है। हालाँकि, कानूनी क्षति को वास्तविक क्षति के समान नहीं कहा जा सकता है। इसका मतलब है कि वास्तविक क्षति हुई हो सकती है या नहीं भी हो सकती है। यह प्रकृति में आर्थिक नहीं है।

कानूनी समाधान: एक टोर्ट का एक तत्व यह है कि इसे कानूनी समाधान प्रदान करना चाहिए। गैर-कानूनी क्षति के लिए एक कार्रवाई द्वारा टोर्ट के उल्लंघन का निवारण किया जाना चाहिए। हर्जाने के अलावा, निषेधाज्ञा (जहां अदालत किसी व्यक्ति को कार्रवाई बंद करने का आदेश देती है) और बहाली (पिछली स्थिति को बहाल करना, जैसे कि किसी को नौकरी से निकाल दिए जाने की स्थिति में रोजगार में फिर से शामिल होना) कुछ अन्य संभावित समाधान हैं।

1.4 टोर्ट के प्रकार

आचरण की तीन प्रमुख श्रेणियों के लिए टोर्ट देयता मौजूद है: जानबूझकर गलत कार्य, लापरवाही, और वे गतिविधियाँ जिनके लिए सख्त दायित्व लगाया जाता है।

जानबूझकर गलत कार्रवाई: यह तब होता है जब कोई व्यक्ति किसी व्यक्ति, उनकी संपत्ति या दोनों को चोट पहुंचाने के इरादे

से कार्य करता है। उदाहरण के लिए, यदि A, B पर क्रोधित है, तो वे जानबूझकर B की कार के शीशे को तोड़ देते हैं।

जानबूझकर किए गए टोर्ट भी अपराध हो सकते हैं। आमतौर पर इन मामलों में, प्रतिवादी का पुलिस द्वारा पीछा किया जा सकता है और साथ ही वादी द्वारा मुकदमा भी चलाया जा सकता है। हालांकि, अपराधी को दंडित करने से आमतौर पर पीड़ित को हुए नुकसान की भरपाई नहीं होती है।

मौद्रिक क्षति की वसूली के लिए एक नागरिक टोर्ट (यातना) कार्रवाई का उपयोग किया जाता है।

लापरवाही: यह सबसे आम टोर्ट है। लापरवाही एक अनजाने में किया गया टोर्ट है। यह तब होता है जब उचित देखभाल का उपयोग करने में किसी व्यक्ति की विफलता नुकसान का कारण बनती है। उदाहरण के लिए, यदि नशे में धुत ड्राइवर गलती से किसी पैदल यात्री को टक्कर मार देता है, तो चालक लापरवाह होता है, भले ही चालक का इरादा वास्तव में पैदल यात्री को चोट पहुंचाने का नहीं था।

सख्त दायित्व: सख्त दायित्व लापरवाही और जानबूझकर गलत कार्यों दोनों से अलग है। यह तब लागू होता है जब प्रतिवादी इतनी खतरनाक गतिविधि में लिप्त होता है कि कोई गंभीर जोखिम या नुकसान होता है। यदि वे अत्यंत सावधानी से कार्य करते हैं तो भी नुकसान हो सकता है। एक सख्त दायित्व में, यह साबित करने की कोई आवश्यकता नहीं है कि प्रतिवादी या तो लापरवाह था या नुकसान की वसूली के लिए नुकसान पहुंचाने का इरादा रखता

था। उदाहरण के लिए, इमारतों को गिराना इतना खतरनाक है कि यदि कोई राहगीर घायल हो जाता है तो ठेकेदार स्वयं जिम्मेदार होते हैं।

लोगों के तीन समूहों को सख्त दायित्व का सामना करना पड़ता है:

· खतरनाक जानवरों के मालिक

· अत्यधिक खतरनाक गतिविधियों में लिप्त लोग

· दोषपूर्ण उपभोक्ता उत्पादों के निर्माता और विक्रेता

हालांकि, यह ध्यान रखना महत्वपूर्ण है कि किसी व्यक्ति या उनकी संपत्ति को हुई सभी चोटों के कारण टोर्ट कानून के तहत वसूली नहीं हो सकती है। कुछ मामलों में, हानिकारक व्यवहार हानिकारक नहीं हो सकता है। दूसरों में, नुकसान पहुंचाने वाले व्यक्ति के पास एक यातना कार्रवाई के लिए कानूनी "बचाव" हो सकता है। इसके अलावा, प्रतिवादी उत्तरदायी हो सकता है, लेकिन नुकसान के लिए भुगतान करने के लिए बहुत गरीब हो सकता है, और इसलिए कोई वसूली संभव नहीं है।

1.5 भारत में नागरिक और आपराधिक कानून

टोर्ट कानून नागरिक कानून का एक रूप है। नागरिक कानून व्यक्तियों के बीच विवादों से संबंधित है। दीवानी अदालत के मामले में, जिस पक्ष को नुकसान हुआ था, वह उस पक्ष पर मुकदमा कर सकता है जिसने नुकसान पहुंचाया। यह

आपराधिक कानून से अलग है, जिसमें राज्य आरोपी के खिलाफ आरोप लगाता है। आपराधिक कानून उन कार्यों से संबंधित है जिन्हें जनता के खिलाफ अपराध के रूप में परिभाषित किया गया है, भले ही कोई व्यक्तिगत शिकार हो।

हालांकि, एक पक्ष द्वारा एक ही कार्रवाई एक दीवानी और आपराधिक अदालती मामले दोनों के लिए उत्तरदायी हो सकती है। हालांकि भारतीय कानून के तहत इनके साथ व्यवहार करने का तरीका थोड़ा अलग है।

भारत में दीवानी अदालतें सबूत के मानक के रूप में "संभावनाओं के संतुलन" (balance of probabilities) का उपयोग करती हैं। इस मानक के लिए आवश्यक है कि साक्ष्य के भार का 50% से अधिक विजेता पक्ष के पक्ष में हो। आपराधिक मानक की तुलना में नागरिक मानक को पूरा करना आसान है, जिसके लिए यह आवश्यक है कि अपराध "उचित संदेह" (reasonable doubt) से परे साबित हो।

यह उचित है क्योंकि एक नागरिक कार्रवाई में उत्तरदायी पाए जाने वालों के लिए दंड अपराध में दोषी पाए जाने वालों के लिए दंड से कम गंभीर है। एक व्यक्ति अत्याचार करने के लिए जेल नहीं जाता है, बल्कि केवल घायल या क्षतिग्रस्त पक्ष को हर्जाना देता है।

1.6 मामले को न्यायालय में ले जाना: कुछ उदाहरण

कुछ स्थितियों में, एक ही क्रिया अपकार और अपराध दोनों हो सकती है। इससे प्रतिवादी के खिलाफ दो अलग-अलग कार्रवाई हो सकती है। संयुक्त राज्य अमेरिका में 1994 में ओजे सिम्पसन हत्या का मामला एक आदर्श उदाहरण है जिसने एक दीवानी और आपराधिक मामले के बीच अंतर दिखाया। इस मामले में, सिम्पसन को आपराधिक मामले में अपनी पत्नी और उसके दोस्त की हत्या का दोषी नहीं पाया गया, लेकिन दीवानी मामले में दोषी पाया गया और उसे मारे गए व्यक्ति के परिवार को हर्जाना देना पड़ा।

1.6 टॉर्ट् के कानून में महत्वपूर्ण बातें

टोर्ट के नियम के दो महत्वपूर्ण सूत्र इस प्रकार हैं:

इंजुरिया साइन डानो ***Injuria sine damno*** (क्षति के बिना चोट): इसका अर्थ है कि यदि किसी कानूनी अधिकार का उल्लंघन किया गया है, तो वह कार्रवाई योग्य है और हर्जाना देय है, भले ही वादी को नुकसान हुआ हो या नहीं। प्रभावित पक्ष एक अदालत में एक यातना दायित्व के लिए एक नागरिक कार्यवाही ला सकता है, क्योंकि कानूनी अधिकार के हर उल्लंघन का निवारण किया जाना है। यह यूबी जूस, आईबीआई रेमेडियम (*ubi jus, ibi remedium*) के सिद्धांत में भी उदाहरण है या जहां अधिकार है वहां समाधान है।

दमन साइन इंजुरिया ***Damnum sine injuria*** (बिना चोट के नुकसान): इसमें उन कार्यों को शामिल किया जाता है जो

हानिकारक होते हुए भी गलत नहीं होते हैं और उनके प्रभाव से पीड़ित लोगों को कार्रवाई का कोई अधिकार नहीं देते हैं।

1.7 टोर्ट के कानून की विशेषताएं

टोर्ट के कानून की मुख्य विशेषताएं इस प्रकार हैं:

- टॉर्ट एक निजी गलत है, जो किसी व्यक्ति या व्यक्तियों के विशिष्ट समूह के कानूनी अधिकार का उल्लंघन करता है।
- टॉर्ट करने वाले को पापी कहा जाता है।
- टॉर्ट के लिए मुकदमे की जगह एक दीवानी अदालत है।
- टोर्ट लिटिगेशन कंपाउंडेबल है यानी वादी उनके द्वारा दायर मुकदमे को वापस ले सकता है और सुलझा सकता है।
- टोर्ट नागरिक चोट या गलत की श्रेणी में है।
- टोर्ट अनुबंध के उल्लंघन के अलावा अन्य है। अनुबंध के उल्लंघन के लिए, अनुबंध कानून लागू होता है न कि टोर्ट कानून।
- टोर्ट (अपकृत्य) का समाधानअपूर्ण क्षति (जहां क्षति की राशि न्यायालय द्वारा निर्धारित की जाती है) या घायल पक्ष को दी गई अन्य न्यायसंगत राहत है।

1.8 गलत कार्य जिनका उल्लेख टोर्ट लॉ में किया गया है

टोर्ट के कानून में निम्नलिखित गलत कृत्यों का उल्लेख किया गया है:

लापरवाही

बाधा

मानहानि

अतिचार (व्यक्ति के साथ-साथ संपत्ति के लिए अतिचार सहित)

द्वेषपूर्ण अभियोजन

निम्नलिखित अध्यायों में, हम उपरोक्त प्रत्येक प्रकार के टोर्ट पर अधिक विस्तार से चर्चा करेंगे।

अध्याय 2: लापरवाही की टोर्ट

इस अध्याय में हम लापरवाही के टोर्ट पर चर्चा करते हैं।

2.1 लापरवाही क्या है

लापरवाही का सीधा सा मतलब है दूसरों के प्रति लापरवाह होना और इस तरह दूसरों को चोट पहुंचाना।

एक व्यक्ति को लापरवाही के लिए जिम्मेदार ठहराया जा सकता है यदि वह देखभाल के कर्तव्य के अधीन है, देखभाल के ऐसे कर्तव्य का उल्लंघन होता है और उल्लंघन के परिणामस्वरूप कुछ नुकसान होता है।

2.2 लापरवाही टोर्ट के लिए शर्तें

अपराध के कानून के अनुसार लापरवाही के लिए किसी व्यक्ति को जिम्मेदार ठहराने के लिए, निम्नलिखित तीन शर्तों को अदालत में साबित करना होगा:

1. प्रतिवादी पर वादी की देखभाल का कर्तव्य था। इसमें सामान्य देखभाल और कौशल का प्रयोग करने का कानूनी कर्तव्य शामिल है

2. प्रतिवादी ने उस कर्तव्य का उल्लंघन किया या उनसे अपेक्षित देखभाल के मानक का उल्लंघन किया

3. लापरवाही के परिणामस्वरूप वादी को नुकसान हुआ।

यदि प्रतिवादी पर प्रभावित पक्ष द्वारा लापरवाही के लिए दीवानी मुकदमा लाया जाता है तो इन शर्तों को सिद्ध किया जाना चाहिए।

भारतीय कानून के तहत, एक कुशल पेशेवर को लापरवाही का दोषी पाया जा सकता है यदि उन्होंने अपने कार्यों को उनसे अपेक्षित कौशल के स्तर पर नहीं किया है। यह निम्नलिखित में से किसी भी मामले में हो सकता है:

- उनके पास कार्यों के लिए आवश्यक कौशल नहीं था
- उनके पास कौशल तो था लेकिन काम के लिए कौशल का प्रयोग नहीं किया था

भारत में उपभोक्ता अदालतों के साथ-साथ सामान्य अदालतों में, दोषपूर्ण उत्पाद या सेवाएं प्रदान करने वाली कंपनियों पर मुकदमा चलाने के लिए उपभोक्ताओं द्वारा लापरवाही की टोर्ट का उपयोग किया जा सकता है।

अध्याय 3: उपद्रव की टोर्ट

इस अध्याय में हम उपद्रव के टोर्ट पर चर्चा करते हैं।

3.1 उपद्रव क्या है

एक टोर्ट (यातना) के रूप में उपद्रव का अर्थ है किसी व्यक्ति द्वारा भूमि के भोग के उपयोग में, या किसी अधिकार पर या उसके संबंध में अवैध हस्तक्षेप।

हस्तक्षेप किसी भी तरह से हो सकता है जैसे शोर, कंपन, गर्मी, धुआं, पानी, गैस, बिजली, खुदाई या रोग पैदा करने वाले रोगाणु।

उदाहरण के लिए, रात के विषम घंटों में सामान्य रूप से शांत पड़ोस में तेज आवाज करना एक उपद्रव हो सकता है।

3.2 उपद्रव के प्रकार

उपद्रव दो प्रकार के हो सकते हैं: सार्वजनिक उपद्रव और निजी उपद्रव।

- सार्वजनिक उपद्रव का अर्थ है जनता के अधिकारों में हस्तक्षेप करना।

- निजी उपद्रव तब होता है जब कोई व्यक्ति किसी व्यक्ति के कुछ अधिकारों के उपयोग या आनंद में हस्तक्षेप करता है और केवल उस व्यक्ति को नुकसान पहुंचाता है।

सार्वजनिक उपद्रव एक अपराध है जबकि निजी उपद्रव एक नागरिक गलत है, जो कि टोर्ट कानून के अंतर्गत आता है।

3.3 आपराधिक उपद्रव से संबंधित भारतीय कानून

भारतीय दंड संहिता (आईपीसी) में आपराधिक उपद्रव से संबंधित कुछ धाराएं हैं।

भारतीय दंड संहिता IPC की धारा 268 में कहा गया है:

268. सार्वजनिक उपद्रव।

एक व्यक्ति एक सार्वजनिक उपद्रव का दोषी है जो कोई भी कार्य करता है जिससे जनता को या आस-पास रहने वाले लोगों को कोई चोट, खतरा या परेशानी होती है, या जो उन लोगों को चोट, बाधा, खतरे या परेशानी का कारण बनती है जिनके पास किसी सार्वजनिक सुविधा का उपयोग करने का अवसर हो सकता है। एक सामान्य उपद्रव को इस आधार पर माफ नहीं किया जाता है कि यह कुछ सुविधा या लाभ का कारण बनता है।

आईपीसी की धारा 290 सार्वजनिक उपद्रव करने के लिए सजा को परिभाषित करती है। यह इस प्रकार बताता है:

आईपीसी 290 - जो कोई भी किसी भी मामले में सार्वजनिक उपद्रव करता है जो इस संहिता द्वारा अन्यथा दंडनीय नहीं है, उसे दो सौ रुपये तक के जुर्माने से दंडित किया जाएगा।

अध्याय 4: मानहानि की टोर्ट

इस अध्याय में हम मानहानि के टोर्ट की चर्चा करते हैं।

4.1 मानहानि क्या है

एक मानहानिकारक बयान या मानहानि वह है जो किसी व्यक्ति को घृणा, अवमानना या उपहास में उजागर करके उसकी प्रतिष्ठा को नुकसान पहुंचाता है, जो उस व्यक्ति के प्रति समाज के सदस्यों के सम्मान को कम करता है या उनके प्रति शत्रुता को प्रेरित करता है। यह लिखित या मौखिक रूप में हो सकता है। यह आमतौर पर जानबूझकर किया जाता है, यानी व्यक्ति की प्रतिष्ठा को खराब करने के इरादे से किया जाता है।

भारतीय संविधान का अनुच्छेद 19(1) अभिव्यक्ति की स्वतंत्रता और भारत के नागरिकों के स्वतंत्र रूप से अपने विचार व्यक्त करने के अधिकार की रक्षा करता है। हालाँकि यह अधिकार प्रतिबंधों के अधीन है जैसे कि मानहानिकारक बयानों के मामले में। अनुच्छेद 19(2) में इस प्रकार कहा गया है:

(2) खंड 19 (1) में कुछ भी किसी मौजूदा कानून के संचालन को प्रभावित नहीं करेगा, या राज्य को कोई कानून बनाने से नहीं रोकेगा, जहां तक कि ऐसा कानून खंड द्वारा प्रदत्त अधिकार के प्रयोग पर उचित प्रतिबंध लगाता है। ये प्रतिबंध भारत की संप्रभुता और अखंडता के हितों, सुरक्षा, विदेशी राज्यों के साथ मैत्रीपूर्ण

संबंधों, सार्वजनिक व्यवस्था, शालीनता या नैतिकता या अदालत की अवमानना, मानहानि या अपराध के लिए उकसाने से संबंधित हो सकते हैं।

भारत में मानहानि पर कानून अभिव्यक्ति की स्वतंत्रता के संवैधानिक संरक्षित अधिकार और किसी व्यक्ति की प्रतिष्ठा को नुकसान से बचाने की आवश्यकता के बीच संतुलन बनाने का प्रयास करता है।

4.2 मानहानि के प्रकार

मानहानि दो प्रकार की होती है जो है:

लिबेल: यह किसी स्थायी रूप में मानहानिकारक बयान का प्रकाशन है, जैसे अखबार में लेख लिखना या छापना या सोशल मीडिया में साझा करना।

बदनामी: यह एक अपमानजनक बयान का क्षणिक और अस्थायी रूप में प्रकाशन है, जैसे बोले गए शब्दों द्वारा।

अंग्रेजी कानून में इनके साथ अलग व्यवहार किया जाता है। हालाँकि, भारत में दोनों प्रकार की मानहानि के लिए कानून समान हैं: मानहानि और बदनामी दोनों ही आपराधिक हैं।

4.3 मानहानि की शर्तें

अदालत में यह साबित करने के लिए कि भारत में मानहानि हुई है, निम्नलिखित शर्तें हैं:

- एक मानहानिकारक बयान होना चाहिए जो बनाया गया हो
- उक्त कथन किसी व्यक्ति या व्यक्तियों के एक विशिष्ट समूह के बारे में होना चाहिए, न कि व्यापक वर्ग के लोगों के लिए
- बयान मौखिक या लिखित रूप में प्रकाशित होना चाहिए और किसी तीसरे व्यक्ति द्वारा सुलभ होना चाहिए

इसके अलावा, मानहानि का मुकदमा सफल होने से पहले आम तौर पर निम्नलिखित अतिरिक्त शर्तों को पूरा करने की आवश्यकता होती है:

- बयान की प्रकृति मानहानिकारक होनी चाहिए, जैसे कि किसी व्यक्ति की प्रतिष्ठा को नुकसान पहुंचा सकता है
- कथन असत्य होना चाहिए
- बयान दुर्भावनापूर्ण इरादे से दिया जाना चाहिए
- बयान से वादी की प्रतिष्ठा को नुकसान होना चाहिए या कुछ अन्य नुकसान होना चाहिए, जैसे कि उन्हें अपनी नौकरी खोना या अपने व्यवसाय में ग्राहकों की बिक्री खोना
- बयान संसद के सदस्य या अन्य विशेषाधिकार प्राप्त व्यक्ति द्वारा नहीं दिया जाना चाहिए। भारत में, संसद में चर्चा के दौरान सांसदों और कुछ अन्य विशेषाधिकार प्राप्त

व्यक्तियों द्वारा दिए गए बयान मानहानि के मुकदमों से सुरक्षित हैं।

प्रतिवादी, यानी वह व्यक्ति जिस पर मानहानिकारक बयान देने का आरोप है, वह यह साबित करके अपना बचाव कर सकता है कि बयान सही था, या यह कि यह एक सच्ची घटना के आधार पर अच्छे विश्वास में सार्वजनिक हित में बनाया गया था।

4.4 मानहानि के मुकदमे में सबूत का बोझ

यदि मानहानि का मुकदमा अदालत में लाया जाता है, तो सबूत का भार वादी यानी उस व्यक्ति पर होता है जिसने अदालत में मुकदमा दायर किया है। उन्हें यह साबित करना होगा कि दिया गया बयान असत्य था और इससे उन्हें किसी तरह से नुकसान हुआ।

4.5 भारत में आपराधिक मानहानि के लिए आईपीसी धाराएं

अधिकांश अन्य प्रकार की यातनाओं की तरह, भारत में मानहानि नागरिक कानून और आपराधिक कानून दोनों के अंतर्गत आती है। जैसा कि सभी मामलों में, एक आपराधिक अपराध के लिए, सबूत का बोझ अधिक होता है और सभी उचित संदेह से परे होना चाहिए, जबकि दीवानी मामले के लिए यह केवल संभावनाओं के संतुलन पर साबित होना है कि मानहानि हुई है।

आपराधिक कानून के तहत, मानहानि भारतीय दंड संहिता या आईपीसी की धारा 499 और 500 के तहत आती है। बदनाम व्यक्ति अदालत में मानहानि का आपराधिक मामला दायर कर सकता है। मानहानि का जानबूझकर किया गया कार्य आईपीसी की धारा 500 में परिभाषित कारावास से दंडनीय है।

मानहानि आईपीसी के तहत एक जमानती, गैर-संज्ञेय और कंपाउंडेबल अपराध है।

आईपीसी की धाराएं इस प्रकार हैं:

499. मानहानि - जो कोई भी बोले गए या पढ़ने के इरादे से, या संकेतों द्वारा, किसी भी व्यक्ति को नुकसान पहुंचाने का इरादा रखता है, या यह जानने या विश्वास करने का कारण है कि इस तरह के लांछन से ऐसे व्यक्ति की प्रतिष्ठा को नुकसान होगा, के बारे में कोई भी आरोप लगाता है या प्रकाशित करता है, उस व्यक्ति को बदनाम करने के लिए कहा जाता है।

स्पष्टीकरण 1.—किसी मृत व्यक्ति पर कुछ भी आरोपित करना मानहानि की श्रेणी में आ सकता है, यदि लांछन उस व्यक्ति की प्रतिष्ठा को नुकसान पहुंचाएगा यदि वह जीवित है, और उसके परिवार या अन्य निकट संबंधियों की भावनाओं को आहत करने के लिए अभिप्रेत है।

स्पष्टीकरण 2.—किसी कंपनी या किसी संघ या व्यक्तियों के संग्रह के संबंध में उस रूप में अभियोग लगाना मानहानि हो सकती है।

स्पष्टीकरण 3.—विडंबना से व्यक्त किया गया आरोप मानहानि हो सकता है।

स्पष्टीकरण 4—कोई लांछन किसी व्यक्ति की प्रतिष्ठा को नुकसान नहीं पहुंचाता है, जब तक कि वह लांछन प्रत्यक्ष या अप्रत्यक्ष रूप से, दूसरों के अनुमान में, उस व्यक्ति के नैतिक या बौद्धिक चरित्र को कम नहीं करता है, या उस व्यक्ति के चरित्र को उसकी जाति के संबंध में कम नहीं करता है या उसकी बुलाहट, या उस व्यक्ति के क्रेडिट को कम करता है, या यह विश्वास करने का कारण बनता है कि वह व्यक्ति ऐसी स्थिति में है जिसे आम तौर पर अपमानजनक माना जाता है।

आईपीसी की धारा 500 आपराधिक मानहानि के लिए सजा को परिभाषित करती है।

500. मानहानि के लिए सजा - जो कोई किसी दूसरे की बदनामी करेगा, उसे साधारण कारावास से, जिसकी अवधि दो वर्ष तक की हो सकेगी, या जुर्माने से, या दोनों से, दण्डित किया जाएगा।

4.6 दीवानी मानहानि की प्रक्रिया

दीवानी मानहानि के मुकदमे के लिए, सामान्य अदालती प्रक्रिया होती है। इसमें अदालत में मामला दर्ज करना, प्रतिवादी को नोटिस भेजना, गवाहों की प्रस्तुति, दोनों पक्षों द्वारा तर्क और अदालत का अंतिम निर्णय या फैसला शामिल है।

अध्याय 5: अतिचार की टोर्ट

इस अध्याय में हम अतिचार की टोर्ट पर चर्चा करते हैं।

5.1 अतिचार क्या है

अतिचार एक गैरकानूनी घुसपैठ है जो किसी व्यक्ति या उसकी संपत्ति में हस्तक्षेप करता है। विशेष रूप से, यह किसी व्यक्ति द्वारा किया गया एक लापरवाही या जानबूझकर किया गया कार्य है जो किसी अन्य व्यक्ति या उनकी संपत्ति को बिना वैध औचित्य के चोट पहुंचा सकता है, चाहे वह कितना भी मामूली क्यों न हो। इसमें हमला या किसी व्यक्ति को दी गई धमकियां, साथ ही किसी की संपत्ति पर अतिचार शामिल हैं।

यहां चोट शब्द के प्रयोग का अर्थ है किसी के अधिकार का उल्लंघन और जरूरी नहीं कि वास्तविक शारीरिक नुकसान या हानि।

5.2 अतिचार के रूप

कानून में अतिचार दो मुख्य रूप या प्रकार के होते हैं:

1. **व्यक्ति के साथ अतिचार**: इसमें हमले के माध्यम से किसी भी व्यक्ति के शरीर को मामूली नुकसान पहुंचाना भी शामिल है। इसमें एक व्यक्ति को नुकसान पहुंचाने की धमकी भी शामिल है।

2. **संपत्ति का अतिचार**: इसमें चल संपत्ति के साथ-साथ अचल संपत्ति का अतिचार शामिल है। यह आम तौर पर मूर्त संपत्ति पर लागू होता है और ऐसी संपत्ति के मालिकों को राहत लेने की अनुमति देता है जब कोई तीसरा पक्ष जानबूझकर या लापरवाही से ऐसी चल या अचल संपत्ति के मालिक के कब्जे में हस्तक्षेप करता है ।

5.3 अतिचार की परिभाषा

- अतिचार में किसी व्यक्ति के शरीर पर बिना किसी छूट के घुसपैठ या किसी व्यक्ति की संपत्ति का अनुचित उपयोग शामिल है। यह जानबूझकर यातना का आधार हो सकता है।
- अतिचार का अर्थ है किसी अन्य व्यक्ति या संपत्ति के खिलाफ किया गया एक गैरकानूनी कार्य, विशेष रूप से दूसरे की वास्तविक संपत्ति पर गलत प्रवेश।

अतिचार शब्द का प्रयोग वकीलों और आम लोगों द्वारा शब्द के 3 अर्थों में किया गया है:

- अपने व्यापक अर्थों में इसमें कोई भी गलत कार्य शामिल है: अधिकार के नियम का उल्लंघन
- एक संक्षिप्त अर्थ में इसका अर्थ है कोई भी कानूनी गलत जिसके लिए एक उपयुक्त समाधान मौजूद है
- अपने सबसे संकीर्ण अर्थ में इसका अर्थ एक विशेष प्रकार का अतिचार है। भूमि के लिए अतिचार की टोर्ट ।

5.4 दीवानी और आपराधिक अतिचार

अतिचार के दो मुख्य रूप हैं व्यक्ति का अतिचार और संपत्ति का अतिचार।

व्यक्ति को अतिचार में हमला और व्यक्ति के शरीर को अन्य नुकसान शामिल हैं। इसमें एक व्यक्ति द्वारा दूसरे व्यक्ति को दी गई धमकियां भी शामिल हैं।

संपत्ति का अतिचार किसी ऐसे व्यक्ति द्वारा किया गया कार्य है जहां किसी की संपत्ति पर उनका अधिकार नहीं है, फिर भी वे बिना सहमति के उस पर अवैध रूप से कब्जा कर लेते हैं, या वास्तविक मालिक को इसका उपयोग करने से रोकते हैं। यह हो सकता है, उदाहरण के लिए, गेट, ताले या अन्य निर्माण स्थापित करके। अतिचार में, कोई व्यक्ति अवैध रूप से उस संपत्ति में प्रवेश करता है और उस पर कब्जा करता है जो कानूनी रूप से किसी और की है, उसकी इच्छा के विरुद्ध।

अतिचार दीवानी और फौजदारी दोनों हो सकता है। आपराधिक अतिचार वह है जहां कब्जाधारी संपत्ति के मालिक को धमकाता है या किसी व्यक्ति पर हमला करता है। जहां आपराधिक अतिचार लागू नहीं होता है, यह नागरिक अतिचार है और टोर्ट कानून के अंतर्गत आता है।

सभी अतिचार को आपराधिक अतिचार के रूप में वर्गीकृत नहीं किया जा सकता है, जब तक कि हिंसा और धमकी शामिल न

हो। यदि यह आपराधिक नहीं है तो दीवानी उपचार, जैसे कि अदालती मामला, लागू किया जा सकता है।

एक अतिचार भी है जिसे गृह अतिचार कहा जाता है, जहां एक व्यक्ति, जैसे कि एक पड़ोसी, दूसरे व्यक्ति के घर के एक हिस्से या पूरे घर पर आपराधिक अतिचार करता है, जहां वह व्यक्ति वर्तमान में रह रहा है।

5.5 आपराधिक अतिचार पर भारतीय कानून

भारतीय दंड संहिता की धारा 350 और 351 व्यक्ति के साथ अतिचार से संबंधित है, विशेष रूप से हमले के मामले में।

भारतीय दंड संहिता आईपीसी की धारा 441 संपत्ति के आपराधिक अतिचार से संबंधित है। धारा 447 आपराधिक अतिचार के लिए सजा के लिए से संबंधित है। धारा 442 गृह अतिचार से संबंधित है।

आईपीसी की धारा 133 पड़ोसियों द्वारा अवैध निर्माण के उपद्रव को दूर करने की प्रक्रिया का वर्णन करती है।

IPC की धारा 350, 351, 441, 442 और 447 की चर्चा निम्नलिखित उपखंडों में की गई है।

5.6 आईपीसी 350 और 351 आक्रमण द्वारा अतिचार पर

आईपीसी की धारा 350 में निम्नलिखित कहा गया है:

350. आपराधिक बल - जो कोई किसी व्यक्ति की सहमति के बिना, किसी भी अपराध को करने के लिए, या व्यक्ति को चोट, भय या झुंझलाहट पैदा करने के इरादे से जानबूझकर बल का उपयोग करता है, आपराधिक बल का उपयोग करने के लिए कहा जाता है।

आईपीसी 351 निम्नलिखित कहता है:

351. हमला - जो कोई इस आशय से कोई इशारा, या कोई तैयारी करता है कि इस तरह के इशारे या तैयारी से मौजूद किसी व्यक्ति को यह आशंका हो जाएगी कि वह जो इशारा या तैयारी करता है वह उस व्यक्ति पर आपराधिक बल का उपयोग करने वाला है, हमला करने के लिए कहा जाता है।

व्याख्या - मात्र शब्दों से हमला नहीं होता है। लेकिन जिन शब्दों का इस्तेमाल कोई व्यक्ति करता है, वे उसके हाव-भाव या तैयारी को ऐसा अर्थ दे सकते हैं, जिससे वे इशारे या तैयारी हमले की कोटि में आ जाएं।

5.7 IPC 441 आपराधिक अतिचार

आईपीसी 441 निम्नलिखित कहता है:

जो कोई ऐसी संपत्ति में प्रवेश करता है जो किसी अन्य के कब्जे में है, किसी अपराध को करने के इरादे से या ऐसी संपत्ति के कब्जे वाले किसी व्यक्ति को डराने, अपमानित करने या नाराज करने के लिए, या कानूनी रूप से ऐसी संपत्ति में प्रवेश करने के बाद,

अवैध रूप से वहां इरादे से रहता है ऐसे किसी व्यक्ति को डराना, अपमानित करना या नाराज़ करना, या अपराध करने के इरादे से, "आपराधिक अतिचार" करना कहा जाता है।

5.8 IPC 442 गृह अतिचार

आईपीसी 442 निम्नलिखित कहता है:

जो कोई निवास के रूप में या पूजा के स्थान के रूप में उपयोग किए जाने वाले किसी भवन या संपत्ति की अभिरक्षा के स्थान के रूप में उपयोग किए जाने वाले किसी भवन में प्रवेश करके या उसमें रहकर आपराधिक अतिचार करता है, उसे "गृह-अतिचार" कहा जाता है।

5.9 IPC 447 आपराधिक अतिचार के लिए सजा

आईपीसी 447 निम्नलिखित कहता है:

जो कोई भी आपराधिक अतिचार करता है, उसे एक अवधि के लिए कारावास, जिसे तीन महीने तक बढ़ाया जा सकता है, या जुर्माना जो पांच सौ रुपये तक हो सकता है, या दोनों से दंडित किया जाएगा।

5.10 अगर कोई आपकी संपत्ति का अतिक्रमण करता है तो क्या करें

अगर कोई आपकी संपत्ति के एक हिस्से या पूरी संपत्ति पर अवैध रूप से कब्जा करता है, तो आप निम्नलिखित में से कुछ या सभी कदम उठा सकते हैं:

- अतिचार की संपत्ति के कुछ फोटो, वीडियो और अन्य सबूत प्राप्त करें। यदि पड़ोसी ने आपकी संपत्ति पर कोई अवैध निर्माण किया है तो उसका भी प्रमाण प्राप्त करें।
- आपराधिक अतिचार या धमकी और धमकी के साथ अतिचार के मामले में, निकटतम पुलिस स्टेशन पर जाएँ और/या पुलिस अधीक्षक को एक लिखित शिकायत दर्ज करें जिसमें दस्तावेज और फोटो जैसे सबूत हों। आईपीसी की धारा 441 और 447 जैसी आपराधिक अतिचार की धाराओं के तहत शिकायत दर्ज करें।
- अतिचार करने वाले पड़ोसी को कानूनी नोटिस भेजें, उन्हें अवैध रूप से अतिक्रमित संपत्ति को खाली करने के लिए कहें, ऐसा न करने पर कानूनी कार्यवाही शुरू की जाएगी।
- अदालतों (जैसे जिला अदालत या उच्च न्यायालय) के समक्ष एक मुकदमा / रिट याचिका दायर करें, जिसमें पुलिस और अन्य अधिकारियों को संपत्ति से अतिचार करने वाले पड़ोसी को बेदखल करने और उस संपत्ति के कब्जे को आपको बहाल करने के लिए निर्देश देने का अनुरोध किया गया है।
- किसी भी निर्माण और/या अवैध रूप से कब्जा की गई संपत्ति की बिक्री, और पहले से किए गए किसी भी अवैध निर्माण को ध्वस्त करने के खिलाफ तत्काल रोक /

निषेधाज्ञा पारित करने का अनुरोध करते हुए अदालतों के समक्ष एक मुकदमा दायर करें।

- फोटो जैसे सबूतों के साथ, कब्जाधारी द्वारा अतिचार के खिलाफ नगर निगम (जैसे दिल्ली में एमसीडी) में शिकायत दर्ज करें। यह तब भी लागू होता है जब कुछ निर्माण उचित योजना अनुमति के बिना किया गया हो।
- सबूतों के साथ सब डिविजनल मजिस्ट्रेट (एसडीएम) के समक्ष लिखित शिकायत दर्ज करें
- कब्जेदार से हर्जाने के लिए दीवानी मुकदमा दायर करें
- अभिलेखों के उत्परिवर्तन को रोकने के लिए राजस्व/भूमि प्राधिकारियों के पास शिकायत दर्ज करें

ध्यान दें कि उपरोक्त चरणों में दीवानी और आपराधिक अतिचार दोनों शामिल हैं।

5.11 हमारी संपत्ति के लिए विस्तारित नागरिक अतिचार के मामले में उठाए जाने वाले कदम

नागरिक अतिचार टोर्ट के कानून के अंतर्गत आता है। टोर्ट का अर्थ है एक नागरिक गलत, यानी जहां एक व्यक्ति दूसरे के नागरिक अधिकारों को नुकसान पहुंचाता है या उनका उल्लंघन करता है। इस मामले में, अन्यायी व्यक्ति द्वारा किए गए नुकसान और नुकसान के मुआवजे के लिए दूसरे पर अदालत में मामला दर्ज कर सकता है।

संपत्ति के अवैध कब्जे के मामले में, किसी अन्य की भूमि या संपत्ति पर अनधिकृत निर्माण का निर्माण, किसी को अपनी संपत्ति तक पहुंच से वंचित करना, उदाहरण के लिए ताले या द्वार स्थापित करना, अतिचार की परिभाषा के अंतर्गत आएगा और टोर्ट कानून के अंतर्गत आएगा। इसलिए, ऐसी संपत्ति के मालिक कब्जे वाले से नुकसान की वसूली का दावा कर सकते हैं। वही हो सकता है जहां कोई पड़ोसी बाड़, द्वार या अन्य निर्माण करता है जो किसी और की संपत्ति का अतिक्रमण करता है।

हालांकि, जैसा कि पहले उल्लेख किया गया है, यदि अवैध कब्जे के साथ कब्जे वाले द्वारा धमकी या हिंसा होती है, तो यह आपराधिक अतिचार की श्रेणी में आएगा और पुलिस शिकायत दर्ज की जा सकती है।

5.12 प्रतिकूल कब्जा और नागरिक अतिचार

संपत्ति के अतिचार के मामले में बहुत देर होने से पहले तुरंत कार्रवाई करने के लिए अतिरिक्त सावधानी बरतनी चाहिए। भारतीय कानून के तहत, यदि कोई व्यक्ति, जो अतिचार करता है, 12 वर्षों तक संपत्ति पर लगातार नियंत्रण में रहा है, सही मालिक द्वारा अतिचार करने वाले को संपत्ति से बाहर निकालने के लिए किसी कानूनी कार्रवाई के बिना, इसे "प्रतिकूल कब्जा" कहा जाता है।

प्रतिकूल कब्जे पर विकिपीडिया लेख से उद्धरण: "*सामान्य तौर पर, एक संपत्ति के मालिक को बेदखली जैसी कानूनी कार्रवाई*

के माध्यम से अनधिकृत मालिकों से अपनी संपत्ति का कब्जा वापस पाने का अधिकार है। हालांकि, अंग्रेजी आम कानून परंपरा में, अदालतों ने लंबे समय से फैसला सुनाया है कि जब कोई बिना अनुमति के संपत्ति के एक टुकड़े पर कब्जा कर लेता है और संपत्ति का मालिक अपनी संपत्ति को एक महत्वपूर्ण अवधि के लिए पुनर्प्राप्त करने के अपने अधिकार का प्रयोग नहीं करता है, न केवल मूल मालिक को रोका जाता है बाहर करने के अपने अधिकार का प्रयोग करने से, लेकिन संपत्ति के लिए एक पूरी तरह से नया शीर्षक प्रतिकूल स्वामी के पास जाता है। वास्तव में, प्रतिकूल स्वामी संपत्ति का नया मालिक बन जाता है।"

प्रतिकूल कब्जा कानून के पीछे विचार यह है कि यदि सही मालिक संपत्ति का दावा करने या निर्दिष्ट समय अवधि के लिए संपत्ति की देखभाल करने के लिए कोई कार्रवाई नहीं करता है, तो कानून मानता है कि उन्हें संपत्ति में कोई दिलचस्पी नहीं है। इसलिए अतिचारी को संपत्ति का अधिकार दिया जा सकता है।

हालांकि, यह ध्यान दिया जाना चाहिए कि यदि वैध मालिक 12 साल के निरंतर कब्जे के समाप्त होने से पहले अवैध कब्जे वाली संपत्ति से अतिचारी को बाहर निकालने के लिए अदालती कार्यवाही शुरू करता है, तो अवैध कब्जे की शुरुआत से समय बिल्कुल भी नहीं गिना जाएगा, जब तक कानूनी कार्यवाही जारी है।

इसलिए, यदि किसी की संपत्ति पर अवैध कब्जा करने वाला व्यक्ति अतिक्रमण कर रहा है, तो जल्द से जल्द अदालती कार्यवाही शुरू करना सबसे अच्छा है।

यह सुनिश्चित करना सबसे अच्छा है कि शुरू में अवैध कब्जा न हो। इसके लिए सही मालिक को नियमित रूप से अपनी संपत्ति की जांच करते रहना चाहिए ताकि यह सुनिश्चित हो सके कि संपत्ति पर अवैध निर्माण तो नहीं हो रहा है। यदि आवश्यक हो, तो उन्हें अवैध कब्जे को रोकने के लिए संपत्ति पर चारदीवारी का निर्माण करना चाहिए।

भारत में, अनिवासी भारतीयों के लिए अवैध कब्जा एक बड़ा मुद्दा हो सकता है जो कई वर्षों से विदेश में काम कर रहे हैं और नियमित रूप से अपनी जमीन की जांच नहीं कर रहे हैं। हालांकि, यह बेईमान रिश्तेदारों या अन्य लोगों के कारण भी हो सकता है जिनके पास संपत्ति पर डिजाइन हो सकते हैं।

अध्याय 6: दुर्भावनापूर्ण अभियोजन की टोर्ट

इस अध्याय में हम दुर्भावनापूर्ण अभियोजन की टोर्ट पर चर्चा करते हैं।

6.1 दुर्भावनापूर्ण अभियोजन क्या है

दुर्भावनापूर्ण अभियोजन एक उचित या संभावित कारण के बिना किसी व्यक्ति के खिलाफ असफल आपराधिक या दिवालियापन या परिसमापन कार्यवाही की दुर्भावनापूर्ण संस्था है।

यह अपकार दो प्रतिस्पर्धी सिद्धांतों को संतुलित करता है: स्वतंत्रता जो प्रत्येक व्यक्ति को अपराधियों को न्याय दिलाने में होनी चाहिए और निर्दोष व्यक्तियों के खिलाफ झूठे आरोपों को रोकने की आवश्यकता।

दुर्भावनापूर्ण अभियोजन किसी व्यक्ति के खिलाफ आपराधिक आरोप पर कानून को गलत तरीके से गतिमान करके अदालत की प्रक्रिया और समय का दुरुपयोग है।

इस तर्क की नींव कानून को गलत तरीके से गतिमान करके अदालत की प्रक्रिया के दुरुपयोग में निहित है और उचित कारण के लिए न्याय की मशीनरी के विकृति को प्रोत्साहित करने के लिए डिज़ाइन किया गया है।

दुर्भावनापूर्ण अभियोजन की टोर्ट उन लोगों के लिए एक निवारण प्रदान करती है जिन पर बिना कारण और द्वेष के साथ मुकदमा चलाया जाता है।

6.2 दुर्भावनापूर्ण अभियोजन का सबूत

दुर्भावनापूर्ण अभियोजन की कार्रवाई में, वादी को निम्नलिखित साबित करना होगा:

- कि उन्हें प्रतिवादी द्वारा अभियोजित किया गया था
- कि कार्यवाही वर्तमान वादी के पक्ष में समाप्त कर दी गई थी
- कि उनके खिलाफ बिना किसी उचित कारण के अभियोजन शुरू किया गया था
- यह कि अभियोजन दुर्भावनापूर्ण इरादे से शुरू किया गया था, यानी केवल कानून को लागू करने के इरादे से नहीं बल्कि इस इरादे से किया गया था जो वास्तव में गलत था।
- कि वादी को उनकी प्रतिष्ठा या उनके व्यक्ति की सुरक्षा या उनके संपत्ति की सुरक्षा को नुकसान पहुंचा है।

अध्याय 7: सिविल प्रक्रिया संहिता

इस अध्याय में हम सिविल प्रक्रिया संहिता पर चर्चा करते हैं, जिसमें भारत में टोर्ट से संबंधित कानूनों को शामिल किया गया है।

THE CODE OF CIVIL PROCEDURE, 1908

ACT NO. 5 OF 1908[1]

[*21st March*, 1908.]

An Act to consolidate and amend the laws relating to the procedure of the Courts of Civil Judicature.

WHEREAS it is expedient to consolidate and amend the laws relating to the procedure of the Courts of Civil Judicature : It is hereby enacted as follows : —

PRELIMINARY

1. Short title, commencement and extent.—(*1*)This Act may be cited as the Code of Civil Procedure,1908.

(*2*) It shall come into force on the first day of January, 1909.

1. This Act has been amended in its application to Assam by Assam Acts 2 of 1941 and 3 of 1953; to Tamil Nadu by Madras Act 34 of 1950, Madras A.O. 1950, and Tamil Nadu Act 15 of 1970; to Punjab by Punjab Act 7 of 1934; to Uttar Pradesh by U.P. Acts 4 of 1925, 35 of 1948, 24 of 1954, 17 of 1970, 57 of 1976 and 31 of 1978; to Karnataka by Mysore Act 14 of 1955; to Kerala by Kerala Act 13 of 1957; to Rajasthan by Rajasthan Act 19 of 1958; to Maharashtra by Maharashtra Act 22 of 1960 and 25 of 1970; It has been extended to Berar by the Berar Laws Act, 1941 (4 of 1941) and, by notification under ss. 5 and 5A of the Schedule Districts Act, 1874 (14 of 1874), also to the following Scheduled Districts :—

(*1*) The district of Jalpaiguri, Cachar (excluding the North Cachar Hills Goalpara (including the Eastern Duars),Kamrup, Darrang, Nowgong (excluding the Mikir Hill Tracts) Sibsagar (excluding the Mikir Hill Tracts) and Lakhimpur (excluding the Dibrugarh Frontier Tracts) : Gazette of India, 1909, Pt. 1. p. 5 and *ibid*, 1914, Pt

चित्र 1. सिविल प्रक्रिया संहिता 1908 का पहला पृष्ठ (टोर्ट से संबंधित कानून शामिल हैं)

7.1 सिविल प्रक्रिया संहिता से कुछ प्रासंगिक उद्धरण

सिविल प्रक्रिया संहिता के अंश जो कि टोर्ट कानून के लिए प्रासंगिक हैं, इस प्रकार हैं:

16. जहां विषय-वस्तु स्थित हो, वहां स्थापित किए जाने वाले सूट।- किसी भी कानून द्वारा निर्धारित आर्थिक या अन्य सीमाओं के अधीन, सूट- (ए) किराए या मुनाफे के साथ या बिना अचल संपत्ति की वसूली के लिए, (बी) अचल संपत्ति के विभाजन के लिए,

प्रतिवादी द्वारा धारित अचल संपत्ति के गलत नुकसान के लिए राहत या मुआवजा प्राप्त करने के लिए एक मुकदमा या तो न्यायालय में, जिसके अधिकार क्षेत्र में संपत्ति स्थित है, या न्यायालय में, जिसके अधिकार क्षेत्र की स्थानीय सीमा के भीतर प्रतिवादी निवास करता है, स्थापित किया जा सकता है। .

19. व्यक्ति या चल-अचल को गलत कार्यों के लिए मुआवजे के लिए वाद। जहां एक व्यक्ति या चल संपत्ति के लिए किए गए गलत कार्यों के मुआवजे के लिए एक मुकदमा है, यदि गलत एक न्यायालय के अधिकार क्षेत्र की स्थानीय सीमाओं के भीतर किया गया था और प्रतिवादी दूसरे न्यायालय के अधिकार क्षेत्र की स्थानीय सीमाओं के भीतर रहता है या काम करता है, वादी के विकल्प पर उक्त न्यायालयों में से किसी एक में मुकदमा दायर किया जा सकता है।

अध्याय 8: कानूनी नोटिस भेजना

बार-बार टोर्ट उल्लंघन के मामले में, जैसे कि हमारे पड़ोसियों द्वारा, उल्लंघनकर्ता को एक निश्चित समय सीमा तक कार्रवाई को रोकने के लिए कानूनी नोटिस भेजने के लायक हो सकता है, जिसमें विफल होने पर आगे कानूनी और अन्य कदम उठाए जाएंगे। यदि इस मुद्दे को जल्दी सुलझा लिया जाता है, तो अनावश्यक कानूनी लागतों और परेशानी से बचा जा सकता है।

8.1 कानूनी नोटिस कैसे भेजें

अपने शहर के किसी वकील द्वारा अपने लेटरहेड पर कानूनी नोटिस का मसौदा तैयार करना बेहतर है। कानूनी नोटिस सरकार द्वारा संचालित रिकॉर्डेड डाक जैसे पंजीकृत डाक या स्पीड पोस्ट के माध्यम से भेजें। कानूनी नोटिस में एक विशिष्ट तिथि और समय के साथ की गई कार्रवाई का विवरण होना चाहिए, और इसमें कार्रवाई को रोकने का अनुरोध शामिल होना चाहिए, साथ ही एक बयान के साथ कि बंद करने में विफल होने पर आगे कानूनी कदम उठाए जाएंगे।

8.2 नमूना कानूनी नोटिस

एक नमूना कानूनी नोटिस में निम्नलिखित प्रारूप होता है (अधिवक्ता को इसका मसौदा तैयार करने देना बेहतर है, नीचे केवल एक दिशानिर्देश है):

< अधिवक्ता का लेटरहेड>

पंजीकृत डाक/स्पीड पोस्ट के माध्यम से

कानूनी नोटिस

दिनांक<>

करने के लिए < पूरा नाम और पता>

प्रिय महोदय / महोदया,

हमारे ग्राहकों < नाम और पता> के निर्देशों के तहत, हमें आपको निम्नानुसार संबोधित करने का निर्देश दिया गया है:

यह कि हम/मेरे मुवक्किल < आवास या फ्लैट का पता> के निवासी हैं/हैं जो आपकी संपत्ति के < पड़ोसी के पते> के करीब है।

उस < दिनांक और समय> को, आपने निम्नलिखित कार्य किए < संपत्ति के अतिक्रमण जैसे कार्यों का विशिष्ट विवरण>

कि हमने < तिथि> को मौखिक रूप से और एक पत्र के माध्यम से इस मुद्दे को उठाया था, लेकिन चेतावनी के बावजूद आपने

हमारी संपत्ति से अपना अतिक्रमण नहीं हटाया <कार्रवाई का विवरण>

इस कानूनी नोटिस के माध्यम से आपको एतद्द्वारा निर्देश दिया जाता है कि इस दिनांक <दिनांक> के भीतर अपने अतिक्रमण <सुधारात्मक कार्रवाई> को हटा दें।

निर्दिष्ट तिथि के भीतर इस नोटिस का पालन करने में विफलता के परिणामस्वरूप आपके खिलाफ आगे की कानूनी कार्रवाई और राहतें ली जा सकती हैं। आप ऐसी किसी भी कानूनी कार्रवाई की लागत के लिए उत्तरदायी होंगे।

आपका विश्वासी:

<हस्ताक्षर और हो सके तो अधिवक्ता की मुहर>

यहां कॉपी करें: <हाउसिंग एसोसिएशन>

अध्याय 9: परोक्ष दायित्व

परोक्ष दायित्व टोर्ट कानून की ऐसी बुनियादी अवधारणा है जामें किसी एक व्यक्ति को दूसरे के गलत कार्यों के लिए उत्तरदायी ठहराया जाता है। इस दायित्व का आधार आमतौर पर नियोक्ता-कर्मचारी या मुखतियार-एजेंट का संबंध होता है।

9.1 अर्थ और व्यापकता

परोक्ष दायित्व की अवधारणा लैटिन शब्द "रेस्पोंडेऑट सुपीरियर" से आती है, जिसका अर्थ है "मालिक को उत्तर देना पड़ेगा।" इस सिद्धांत के अनुसार, नियोक्ता उन अपकृत्यों के लिए उत्तरदायी होता है जो कर्मचारी ने रोजगार के दैरान की हैं। इसका ठोस उदाहरण: यदि कोई डिलीवरी ड्राइवर निर्लापरवाही से किसी पैदल व्यक्ति को टक्कर मार देता है, तो नियोक्ता भी उत्तरदायी हो सकता है।

9.2 परोक्ष दायित्व की शर्तें

परोक्ष दायित्व साबित करने के लिए निम्नलिखित शर्तें आवश्यक हैं: (1) नियोक्ता-कर्मचारी जैसा कोई योग्य संबंध होना चाहिए। (2) कर्मचारी ने अपकृत्य कार्य किया हो, जैसे लापरवाही या हमला। (3) कार्य रोजगार के दायरे में हुआ हो।

9.3 महत्वपूर्ण न्यायिक निर्णय

राजस्थान राज्य बनाम विद्यावती (AIR 1962 SC 933): सरकारी ड्राइवर की लापरवाही से एक पैदल यात्री की मृत्यु हुई। न्यायालय ने राज्य को परोक्ष रूप से उत्तरदायी ठहराया क्योंकि वह गैर-संप्रभुतासंपन्न कार्यों में संलग्न था। ICICI बैंक बनाम शांति देवी शर्मा (2008): बैंक के रिकवरी एजेंटों ने उधारकर्ता के साथ दुर्व्यवहार किया। न्यायालय ने बैंक को उत्तरदायी ठहराया।

9.4 अपवाद और बचाव

परोक्ष दायित्व से बचाव के कुछ अपवाद हैं: (1) "स्वतंत्र ठेकेदार": नियोक्ता आमतौर पर स्वतंत्र ठेकेदारों के कार्यों के लिए उत्तरदायी नहीं होता। (2) रोजगार के दायरे से बाहर का कार्य: यदि कर्मचारी निजी कारणों से रोजगार के दायरे से बाहर कार्य करता है, तो नियोक्ता उत्तरदायी नहीं होता।

9.5 निष्कर्ष

परोक्ष दायित्व सुनिश्चित करता है कि नियोक्ता, एजेंट और संस्थाएं अपने कर्मचारियों के कार्यों के लिए उत्तरदायी हैं। इससे पीड़ितों को न्याय मिलता है और हानिकारक आचरण को रोका जाता है।

अध्याय 10: उपभोक्ता संरक्षण और टोर्ट

उपभोक्ता संरक्षण अधिनियम, 2019 ने भारत में उपभोक्ताओं के अधिकारों का विस्तार किया है। जो नुकसान उपभोक्ता सहते हैं आमतौर पर टोर्ट के अंतर्गत आते हैं जैसे लापरवाही, गलत विज्ञापन और त्रुटिपूर्ण उत्पाद।

10.1 उपभोक्ता संरक्षण अधिनियम, 2019 की मुख्य विशेषताऐं

2019 के अधिनियम ने उपभोक्ताओं को व्यापक सुरक्षा प्रदान की: (1) उत्पाद देयता: निर्माता, विक्रेता और सेवा प्रदाता त्रुटिपूर्ण उत्पाद से हुई हानि के लिए उत्तरदायी हैं। (2) उपभोक्ता अधिकार: सुरक्षा, सूचना, चुनाव और निवारण का अधिकार। (3) ई-कॉमर्स विनियमन: ऐक्ट ऑनलाइन खरीदारां तक भी विस्तारित है। (4) जिला, राज्य और राष्ट्रीय मंचों से मिलकर बनी बहुस्तरीय निवारण प्रणाली।

10.2 महत्वपूर्ण न्यायिक निर्णय

इंडियन मेडिकल ऐसोसिएशन बनाम वी.पी. शांथा (1995): सुप्रीम कोर्ट ने निर्णय किया कि चिकित्सा सेवाऐं उपभोक्ता संरक्षण अधिनियम के अंतर्गत आती हैं। Spring Meadows

Hospital बनाम Harjot Ahluwalia (1998): अस्पताल और डॉक्टर दोनों को लापरवाही के लिए उत्तरदायी ठहराया गया।

10.3 निष्कर्ष

उपभोक्ता संरक्षण कानून और टोर्ट कानून सामान्य लक्ष्य साझा करते हैं — पीड़ितों को मुआवजा देना और गलत आचरण को रोकना। भारतीय नागरिकों के लिए दोनों कानूनी उपकरणों का ज्ञान अत्यंत आवश्यक है।

अध्याय 11: डिजिटल युग में उभरती टोर्ट

डिजिटल प्रौद्योगिकी के तेजी से विकास ने नए प्रकार की हानियां उत्पन्न की हैं जो परंपरागत टोर्ट सिद्धांतों में नहीं थीं। जैसे-जैसे लोग डिजिटल वातावरण में अधिक सक्रिय होते जा रहे हैं, न्यायालय और कानूननिर्माता इन नई समस्याओं से निपटने के प्रयास कर रहे हैं।

11.1 साइबर टोर्ट क्या हैं?

साइबर टोर्ट डिजिटल प्रौद्योगिकी के प्रयोग से किए गए नागरिक अपले हैं। उदाहरण: (1) ऑनलाइन मानहानि: सोशल मीडिया, ब्लॉग या व्हाट्सएप पर आपत्तिजनक संदेश फैलाना। (2) साइबरस्टॉकिंग और उत्पीड़न। (3) डेटा उल्लंघन और पहचान चोरी। (4) डॉक्सिंग (Doxxing): निजी जानकारी का सार्वजनिक खुलासा। (5) डीपफेक या भ्रामक सामग्री: AI से निर्मित भ्रामक मीडिया।

11.2 कानूनी ढांचा

भारत में साइबर टोर्ट के लिए कोई संहिताबद्ध कानून नहीं है, लेकिन निवारण के तत्व इन कानूनों में मिलते हैं: (1) सूचना प्रौद्योगिकी अधिनियम, 2000: हैकिंग, पहचान चोरी और

अश्लील सामग्री को संबोधित करता है। (2) भारतीय दंड संहिता: मानहानि (धारा 499-500), साइबरस्टॉकिंग और आपराधिक धमकी से संबंधित धाराऐं। (3) टोर्ट कानून के सिद्धांत: दीवानी मुकदमों में मानसिक यातना, प्रतिष्ठा हानि या गोपनीयता उल्लंघन के लिए हर्जाना मांगा जा सकता है।

11.3 व्यावहारिक उपाय और सुदेश

साइबर हानि के पीड़ितों को चाहिए: (1) स;्क;्रीनशॉट, URL और मेटाडेटा सहित डिजिटल साक्ष्य एकत्र करना। (2) पुलिस में शिकायत दर्ज करना (साइबरक्राइम पोर्टल) और हर्जाने के लिए दीवानी मुकदमा दायर करना। (3) अपराधियों और मध्यस्थों को कानूनी नोटिस देना। (4) प्रतिष्ठा या गोपनीयता के मामलों में उच्च न्यायालय से रिट याचिका दायर करना।

11.4 निष्कर्ष

जैसे-जैसे प्रौद्योगिकी विकसित होती है, टोर्ट कानून को डिजिटल युग में सार्थक उपाय प्रदान करने के लिए विकसित होना होगा। ऑनलाइन उत्पीड़न से लेकर AI आधारित भ्रांति तक, उभरती टोर्ट के लिए मजबूत कानूनी ढांचे, न्यायिक नवाचार और सार्वजनिक जागरूकता आवश्यक है।

अध्याय 12: निष्कर्ष

इस पुस्तक में, हमने भारतीय कानून के तहत टोर्ट की परिभाषा, मुख्य प्रकार के टोर्ट और टोर्ट के उपचार के बारे में चर्चा की है।

यह आशा की जाती है कि इससे आम जनता में टोर्ट पर संबंधित कानूनों के बारे में जागरूकता बढ़ेगी और उन लोगों के लिए उपयोगी साबित होगी जो भारतीय अदालतों में टोर्ट से संबंधित मामले लड़ रहे हैं।

www.ingramcontent.com/pod-product-compliance
Lightning Source LLC
LaVergne TN
LVHW050924210926
848482LV00012B/529

9798886294682